Der Redaktor • Thomas Helmer

Meinem Vater
Hans Waldemar Helmer
**10. Mai 1934 +29. August 2019*

Babette und Hans

THOMAS HELMER

Der Redaktor

Soziale Gegenwart – Ansichten und Einblicke

Bibliografische Information der Deutschen Nationalbibliothek

Die Deutsche Nationalbibliothek verzeichnet diese Publikation in der Deutschen Nationalbibliografie; detaillierte bibliografische Daten sind im Internet über http://dnb.d-nb.de abrufbar.

Rheinstraße 46, 12161 Berlin

Telefon: 0 30 / 76 69 99-0

www.frieling.de

Umschlaggestaltung: Michael Beautemps unter Verwendung eines Fotos des Autors

1. Auflage 2020

ISBN 978-3-946467-82-3

Printed in Germany

Vorwort

„Wenn du mich nicht sogleich verstehst, bleibe dennoch guten Mutes. Findest du mich nicht an einer Stelle, so suche mich an einer anderen. Irgendwo halte ich mich auf und warte auf dich."
Walt Whitman

Liebe Leserinnen und Leser, mit dem vorliegenden Buch möchte ich Sie auf einen abwechslungsreichen Streifzug durch relevante Themen und Ereignisse der Zeit mitnehmen.

Als ehemaliger redaktioneller Mitarbeiter des Evangelischen Gemeindebriefes habe ich mich viele Jahre mit verschiedenen Themen der „Sozialen Gegenwart" auseinandergesetzt. Die Nachwirkungen meiner Befunde wurden regelmäßig in unserem Gemeindebrief der evangelisch-lutherischen Kirchengemeinde Bad Wiessee/Oberbayern veröffentlicht. Außerdem stellte der Frieling-Verlag Berlin einzelne Beiträge einem erweiterten Leserkreis vor. Sie sind in den Sammelbänden „Die großen Themen unserer Zeit – Autoren im Dialog" und „Ly-La-Lyrik" nachzulesen.

Nun ist die Zeit gekommen, alle Arbeiten in einem Buch zu vereinen und einem größeren Publikum vorzustellen. Die Vielfalt der einzelnen Themen spricht für sich, sie haben an Aktualität nichts verloren. Im Gegenteil, sie sind aktueller denn je.
Ich wünsche ihnen eine unterhaltsame und auch kritische Lesereise durch mein Buch.

Thomas Helmer
Trinitatis 2020

Auf ein Wort vom Verlag

Mit seinem Werk „Der Redaktor“ gelingt unserem Autor Thomas Helmer ein bedeutender Beitrag zu den wichtigen Themen unserer Zeit. Hier kommt eine gesellschaftskritische Stimme der Vernunft zu Wort. Soziale Gerechtigkeit, Religionsfreiheit oder die unberechenbare Konsumgesellschaft von heute reflektiert Herr Helmer in seinen Berichten und Gedichten kritisch und motiviert den Lesern dazu, das gesellschaftliche Miteinander zu stärken und Altlasten abzulegen. Gerade in unruhigen Zeiten ist der regelmäßige Austausch für das Wohlergehen der Gesellschaft wichtig, um dauerhaft eine harmonische Gemeinschaft zu bilden und Vorurteile ablegen zu können. Helmers persönliche Gedankengänge und Erfahrungen zu den verschiedenen Themen verleihen dem Buch eine individuelle Nuance, die die literarische Bindung zwischen Autor und Leser stärkt. Die Vielfalt seiner Texte lädt nicht nur den passionierten Lyriker zu einem vielversprechenden Bucherlebnis ein, sondern auch den wissbegierigen Entdecker, der mehr über die Entwicklung der Gesellschaft erfahren möchte.

Katarina Grgic (Verlegerin)

„Im Walde zwei Wege boten sich mir dar
und ich ging den, der weniger betreten war
und das veränderte mein Leben“

Walt Whitmann

Eine Ausstellung im Zeichen von Lehre und Forschung oder Die Vorhut zur Wiederkehr des Bekannten aus dem 19. Jahrhundert

Lehre und Forschung haben die Menschheit von jeher beschäftigt. Ihre Aufgabenstellungen erfolgten ohne besonderen Auftrag, waren getrieben von dem forschenden Interesse, etwas Neues zu erfahren oder zu entdecken. Gelehrte aus allen Fachbereichen der Wissenschaft von der Vergangenheit bis zur Gegenwart haben mit Klugheit und Verständnis von Zusammenhängen der eigenen Erkenntnis des Gelehrten und Gelernten wichtige neue Erkenntnisse hervorgebracht. Aufgrund ihrer Denkfähigkeit und ihres Mutes, etwas zu wagen, können wir heute auf eine Überlieferung im Einzelnen oder im Ganzen zurückblicken sowie auf deren Basis vorausschauen.

Die Vorstellungskraft eines jeden von uns kann nur erahnen, welche Hinterlassenschaften und Untersuchungsmaterialien in den verborgenen Räumen von höheren Lehranstalten auf ihre Wiederentdeckung warten.

Für die Betrachtung von naturkundlichen Lehrmitteln, die kunstgerecht bearbeitet werden oder worden sind, benötigt man zur genaueren Untersuchung optische Geräte, um Darstellungen zu vergrößern.

In der Natur gedeihen aus der Summe von Lebensvorgängen die Welten von Pflanzen, Tieren und Menschen. Jede einzelne Anschauung bedeutet Leben und Herausforderung in sich selbst.

Ein einzigartiges und immer wiederkehrendes Kapitel der Grundlagenforschung ist „Die Ganzheitlichkeit der Lehre vom Menschen von innen und außen“. Dieser Zweig der Lehre beschreibt Körpergegenden des Menschen, die Lageverhältnisse seiner einzelnen Organe mit ihren Verbindungen.

In der erweiterten augenscheinlichen Wahrnehmung ergänzen sich die Naturerscheinungen, sowohl normale als auch krankheitsbedingte Lebensvorgänge umfassend. Ein Teilgebiet der Heilkunde erarbeitet und erfasst mit sensibler Genauigkeit die krankhaften und abnormen Veränderungen jener Innenwelt der einzelnen Organe.

Im 18. und 19. Jahrhundert haben Künstler mit ihrer genauen Beobachtungsgabe, aber auch verspätet aus der Erinnerung heraus zeitgemäße bildnerische Darstellungen erarbeitet. Mit ihrer Fähigkeit und ihrem handwerklichen Geschick wurden Augenblicke und Höhepunkte für Lehre und Forschung sowie für die Nachwelt festgehalten.

Die Zunft der Kunstmaler, ausgestattet mit den notwendigen Gebrauchsgegenständen, hat nicht nur in ihren Kunstanstalten Bilder entstehen lassen. Mit gezielten Farbmischungen und feinfühliger Pinselführung haben diese Maler naturgetreue Abbildungen auf Leinen angefertigt und sie zur Vollendung gebracht. Das Vorhandensein dieser Kunstwerke in Form von Lehrtafeln und Anschauungsmitteln ist mehr als nur berechtigt.

Die Gelehrten der Geisteswissenschaften und der Naturwissenschaften kleideten ihre Erkenntnisse aus der Forschung in verständliche Worte und Sätze. Es folgten Erklärungen in ausführlichen Aufsätzen. In diesen Abhandlungen wurden die Beschaffenheit, die Farbe, das Aus- und Ansehen sowie andere Aspekte der Untersuchungsgegenstände näher beschrieben. Sie manifestierten, wie sich Sprache auf die Gegebenheiten der Wirklichkeit beziehen kann. Das Streben der Fachbereiche von höheren Lehranstalten, übergreifend zusammenzuarbeiten, war erfolgreich.

Aus der Vermengung von gemalten und geschriebenen Werken ergaben sich die ersten Lehrschriften. Die gefertigten Bücher zogen ein in die Lesesäle der bestehenden Lehrkörper.

Aus dieser Vielzahl von Einzelheiten entwickelte sich eine höhere Lehranstalt mit dem Zweig „Das körperliche Erscheinungsbild des Menschen mit seinen Umrissen von innen und außen“.

In den darauffolgenden Epochen erlebten Lehre und Forschung in ihrer Gesamtheit eine fortführende Entwicklung.

In der Natur sind bei sehr genauer Betrachtung von unterschiedlichen zusammengesetzten Zellen und Geweben und deren näherer Anschauung im Einzelnen Werkzeuge zu finden, welche Ähnlichkeiten zwischen dem menschlichen Lebewesen und der Tierwelt erkennen lassen. Aus dieser Erkenntnis heraus entwickelten sich für die Lehranstalten und bildenden Einrichtungen Gewerke zur Veranschaulichung und Darlegung der Lebensvorgänge.

Die Herstellungs- und Verfahrenstechnik reifte zu einem weiteren Erzeugnis auf der Basis des überlieferten Bestandes des Wissens jener Zeit heran. Das Nachbilden und Formen des Aufbaus der inneren und äußeren Gegebenheiten konnte nun mittels Kunststoffs und Hartwachs originalgetreu vorgenommen werden. Die Werkstücke reichten vom Nachbau des Körpergerüstes bis zur Darstellung der Mannigfaltigkeit des menschlichen Lebewesens in seiner gesamten Vielfalt. Das Widerspiegeln durch in Farbe und Lage naturgetreue Nachbildungen und die daraus entstehenden Zusammenhänge der einzelnen Bausteine ermöglichten eine präzise Lehre vom Bau der einzelnen Bestandteile des menschlichen Körpers.

Mitte des 20. Jahrhunderts veränderten sich die Techniken. Die seinerzeit moderne Form der Aufnahmen durch Ablichtung hielt Einzug in Lehre und Forschung. Aufgrund dieses Fortschritts erfolgte eine Ablösung der Skizzen und gemalten Bilder in den Lehrschriften, Bildbände und Karten eroberten nun die Lehranstalten und Druckwerke. Die ersten Aufnahmen entstanden noch als Schwarzweißbilder, mit zunehmender Entwicklung verwirklichte sich dann aber ein Traum: Es erfolgte die Geburtsstunde der farbigen Abbildungen.

Die Güte der Aufnahmen ist mittlerweile so weit vorangeschritten, dass man in der Jetztzeit Bilder erstellen und betrachten kann, die durch stufenförmige Bildsignale über eine moderne Übertragungstechnik angefertigt werden können. Dies stellt einen großen Gewinn für den Lehralltag dar, bedeutet es doch, dass Aufnahmen aus den einzelnen Anwendungen einer Lehre ohne Umwege geradewegs in den Lehrsaal eingespielt werden können. Dieses leisten hochwertige schnelle Datenverarbeitungsanlagen.

Die fortführenden Veränderungen und Entfaltungen in Forschung und Lehre spiegelten sich nicht nur in der Verbesserung der Aufnahmen und der Bildtechnik insgesamt wider. Die Vielzahl an Neuerungen verhalf den Lehrenden und Lernenden zugleich zu einem genaueren Blick für die Eigenart der Dinge.

In den auslaufenden siebziger Jahren des 20. Jahrhunderts kam es zu einer weiteren Veränderung in der Entfaltung jener Tätigkeit, um neue Quellen der Tragweite zu ermitteln. Eine Anstalt mit einem besonderen Zweig der Tätigkeit und zur Gewinnung neuer Erkenntnisse entwickelte sich.

Betrachtungsweisen aus dem Themenkomplex der Grundstoffe umfassen folgende Bereiche: zum einen den Aufbau und die Umwandlung von Geschehniszusammenhängen; zum anderen die Verbindung von Naturerscheinungen, in denen sich die Stoffe nicht verändern. Mit dem derzeit ausgereiften und rechtlich geschützten Verfahren mit seinem ganzheitlichen Zusammenhang von Vorgängen ist es gelungen, Urflüssigkeiten mittels einer Trennmethode durch Kunststoffverbindungen zu ersetzen. Mit diesem gezielten und planmäßigen Verfahren kann man Urgebilde mit ihrem Gefüge aus Gewebe und Zellen von innen und außen mit Plasten und künstlichen Harzen im Austausch beschichten. Das ist ein sehr aufwändiges Verfahren, in dem Stoffumwandlungen in Verbindung mit verschiedenen Kettentechniken im Einzelnen wie im Ganzen eine wichtige Rolle spielen.

Seitdem dieses Verfahren bekannt geworden ist, hat es in der Öffentlichkeit sowohl in Fachkreisen als auch unter Laien für mehr als ausreichenden Gesprächsstoff gesorgt.

Seit Mitte des letzten Jahrzehnts bis in das gegenwärtige Jahrhundert hinein wandert eine entsprechende Ausstellung gezielt durch die Bundesrepublik Deutschland. Ihre Anziehungskraft erfährt durch die Berichterstattung von Zeitungen und Zeitschriften, aber auch in Beiträgen von Rundfunk und Fernsehen große Aufmerksamkeit und nicht selten heftige Kritik.

Eine Vielzahl von Besuchern aus allen Schichten und Gruppen der Gesellschaft hat diese Ausstellung bereits aufgesucht. Somit ist ein Hauch davon, etwas Außergewöhnliches zu entdecken, auf den Weg gebracht worden.

Abschließend möchte ich dem interessierten Leser folgenden Gedanken übermitteln:

„Die eigene Meinung in Verbindung mit der Ergänzungswahl von Gedanken und Bildern erscheint in der Ansicht des Betrachters!"

Soziale Gegenwart

**Brot für die Welt – Brot für Europa –
Brot für die Bundesrepublik Deutschland –
Brot für die eigene Gemeinde?**

Was bedeutet diese Frage? Ist es überhaupt eine Frage oder wahre Wirklichkeit, die unsere Industrienation schleichend, aber bestimmend erreicht hat?

Die steigenden Preise von Grundnahrungsmitteln wie Brot, Milch, Kartoffeln, Obst und Gemüse bemerkt der Verbraucher beim Erwerb dieser Artikel.

Erinnern Sie sich noch, verehrte LeserInnen, was ein Laib Brot vor 15 Jahren gekostet hat? Und welchen Preis muss man dafür heute bezahlen?

Erzeugergemeinschaften, Marktketten und andere Handeltreibende begründen diese Preisanstiege mit solchen Faktoren wie zum Beispiel steigenden Rohstoffpreisen und Betriebskosten (Wasser und Strom), hohen Lohnnebenkosten, ausufernden behördlichen Auflagen und Vorschriften usw. Die hierdurch anfallenden erhöhten Kosten werden auf den Konsumenten umgelegt – ein alltägliches Geschäftsgebaren, wie es sich zwischen Anbieter und Verbraucher gang und gäbe ist.

Hat man als Einzelperson, Familie, Erwerbsloser oder Beschäftigter irgendeine Möglichkeit, diesen Preissteigerungen zu entkommen? An dieser Stelle ein klares NEIN! Jeder von uns muss beim Erwerb von Lebensmitteln mit diesen erhöhten Preisen kalkulieren.

Eine Vielzahl von Mitbürgern nutzt die Angebote mancher Lebensmittelketten, bestimmte Waren zu herabgesetzten Preisen zu erwerben; zumeist betrifft dies Waren, deren Mindesthaltbarkeitsdauer in Kürze abläuft oder die Beschädigungen aufweisen. Ist dieses Entgegenkommen der Lebensmittelkonzerne ein kleines Zeichen der Nächstenliebe, das Brot und den Wein zu teilen, wie es im Neuen Testament, in Psalmen und Gebeten erwähnt wird? Ich persönlich betrachte diese Handlungsweise als eine christliche Geste, bevor man die Lebensmittel entsorgt bzw. entsorgen muss.

Eine besondere Institution bedarf der Aufmerksamkeit. Es sind die bereits bestehenden und die neu entstehenden Tafeln, die, verbunden mit dem jeweiligen Ortsnamen, gestiftete Lebensmittel kostenlos an bedürftige Mitmenschen verteilen. Ein lobenswerter Weg als Initiative Brot für die Gemeinde!

Sommer 2003

Moderne Armut – nur ein Aufhänger in Medien und Politik oder gegenwärtige Wirklichkeit?

Oh, was ist glückseliger, als frei von Sorgen zu sein!
Catull (84–54 v. Chr.)

Wie empfinden wir als Bürgerinnen und Bürger die gravierenden Einschnitte in das soziale System der Bundesrepublik Deutschland?

Aus der Medienwelt_ erfahren wir, dass das schleichende Phänomen der Armut sich seinen Weg durch die Gesellschaft bahnt. Nach einer Studie der Sozialforschung gelten in der Bundesrepublik Deutschland jene Bürger als arm, die weniger als 50 Prozent des Durchschnittseinkommens haben. In einem Artikel einer norddeutschen unabhängigen Tageszeitung wird berichtet, dass künftig etwa 1,5 Millionen Kinder in der Bundesrepublik auf Sozialhilfe-Niveau leben werden.

Der Grund dieser problematischen Situation ist die geplante Zusammenlegung von Arbeitslosen- und Sozialhilfe. Das Ergebnis dieser Fusion wird wahrscheinlich sein, dass die Zahl der Mitbürger, die die Mindestfürsorge erhalten, um ein Vielfaches steigt.

Aber nicht nur die Medien, sondern auch die Wohlfahrtsverbände warnen vor dieser drohenden Lage, die in unserem Land schon jetzt spürbar ist. Die Caritas-Schuldnerberatung meldet bereits enorm ansteigende Zahlen von verschuldeten Haushalten im Landkreis Bad Tölz/Wolfratshausen. Es betrifft nicht nur Alleinstehende, sondern mittlerweile auch Familienhaushalte mit Kindern. Der Paritätische Wohlfahrtsverband spricht ebenfalls von einem enormen Anstieg der Armut in unserem Land. Hierzu zählt auch das Wachstum der so genannten Altersarmut, das heißt der Armut unter Senioren.

Diese alarmierende Situation hat inzwischen schon Bürgerbewegungen auf den Plan gerufen. In der Freien und Hansestadt Hamburg gab es bereits „Bettelmärsche“ gegen die Armut, bei denen sich die Menschen mit Aufschriften wie **„Nur wer in Wohlstand lebt, lebt angenehm“** oder **„Ihr Herren, urteilt jetzt selber: Ist das ein Leben?“** an die Öffentlichkeit wandten. Aber auch für die Amtskirchen ist dieses ein brennendes Thema. So fordern die EKD und die Deutsche Bischofskonferenz in ihrem gemeinsamen Sozialwort eine vorrangige Option für die Armen, Schwachen und Benachteiligten, und die katholischen Bischöfe empfehlen nun einen **„Sozialstaats-TÜV“**, um die wachsende Armut zu lindern.

Als Christen sind wir aufgerufen, dieser Situation nicht mit Gleichgültigkeit zu begegnen, sondern uns ihr zu stellen und uns immer wieder von den Träumen Gottes von einer gerechten Welt anstecken zu lassen. In den Bildern der Bibel werden uns dieser Traum und diese Verheißung wachgehalten, etwa in den Versen aus dem Psalm 128: **„Wohl dem, der den Herrn fürchtet und auf seinen Wegen geht. Du wirst dich nähren von deiner Hände Arbeit; wohl dir, du hast’s gut.“**

Ostern/Pfingsten 2004

Gedanken zum Kopftuchstreit

Ein Symbol mit religiösem Charakter sorgt nicht nur in der Bundesrepublik Deutschland für Diskussionen und Streit: das Kopftuch der muslimischen Frauen.

Die Medien berichten von muslimischen Pädagoginnen, die an staatlichen Einrichtungen nicht unterrichten dürfen, weil sie ihr Kopftuch nicht ablegen möchten. Sie halten sich darin an die Suren 24:31; 24:60 und 33:59 im Koran, die das Tragen der Kopfbedeckung für weibliche Muslime vorschreiben.

Da stellt sich die Frage, warum dann dieses Verbot an Schulen ausgesprochen wird. Wo bleiben hier Toleranz und Religionsfreiheit, die doch im Grundgesetz verankert sind?

Das Problematische daran ist jedoch nicht die Frage der Religionsfreiheit, auch nicht die Angst vor einem islamischen Fundamentalismus. Das Kopftuch berührt vielmehr die Würde des Menschen, die es zu bewahren gilt. Es demonstriert nämlich die Unterordnung der Frau unter den Mann, die jedoch mit unserem Grundgesetz nicht vereinbar ist und daher im öffentlichen Schulwesen nicht zum Ausdruck gebracht werden darf.

Dies betrifft somit natürlich nicht jene Musliminnen, die im Alltag anderen Berufen nachgehen und sich dabei an die Pflicht der Kopfbedeckung halten können. Unsere Orientierung an der Würde des Menschen sollte uns hier auch dazu bewegen, das Kopftuch nicht zur Mauer werden zu lassen, sondern Hemmungen und Vorurteile abzubauen, wie es vielleicht gerade auch durch die tägliche Begegnung im Alltag geschehen kann.

Ein Lied aus unserem Evangelischen Gesangbuch, Ausgabe für die Evangelisch-Lutherischen Kirchen in Bayern und Thüringen, ist mit folgendem passenden Titel überschrieben: **„Herr, gib mir Mut zum Brückenbauen“** (Liednummer 646, Seite 1081). Es ist eine konkrete Aufforderung, den ersten Schritt zu wagen, um auf andere Menschen zuzugehen. Bei diesem Schritt spielt es keine Rolle, welcher Glaubensgemeinschaft der Mensch angehört. Auch seine Herkunft und sein Aussehen sind keine Merkmale, die den Bau von Brücken der Begegnungen verhindern. Die Vielfalt der verschiedenen Religionen mit all ihren Facetten kann die eigene Kultur und Sichtweise nur bereichern.

In persönlichen Gesprächen mit einer jungen Muslimin_ konnte ich sehr viel über den Hintergrund des Kopftuches und den damit verbundenen Glauben erfahren. Außerdem habe ich für mich in diesen Gesprächen erkannt, dass das achte Gebot in der heutigen Zeit nichts von seiner Aktualität verloren hat. Martin Luther schreibt dazu in seinem Kleinen Katechismus: **„Du sollst nicht falsch Zeugnis reden wider deinen Nächsten."**

Was ist das?

„Wir sollen Gott fürchten und lieben, dass wir unseren Nächsten nicht belügen, verraten, verleumden oder seinen Ruf verderben, sondern sollen ihn entschuldigen, Gutes von ihm reden und alles zum Besten kehren."

Diese Auslegung von Luther bedeutet für mich heute: *In der weltumspannenden Gemeinschaft sind Begegnungen zwischen verschiedenen Religions- und Glaubensrichtungen ein großer Teil des Miteinanders geworden. Aus dieser Tatsache ergibt sich, dass ich gerade im Alltag eigene Beurteilungen von Mitmenschen nicht voreilig treffen darf, sondern mich um vornehme Zurückhaltung und Gespräche von Mensch zu Mensch bemühen muss. Gerade dies wird dann auch zu einem Plateau des Brückenbauens. Luthers Auslegung fordert mich persönlich auf, Akzeptanz und Toleranz gegenüber jedem Einzelnen zu üben.*

Sommer/Herbst 2004
Dionisius Ihli

Hamburg

Am Anfang des 21. Jahrhunderts
sorgst
du
für Unruhe.
Das Bild
der Freien und Hansestadt
mit Charme
an Alster, Elbe und Bille
verblasst.

Einst nannte man
dich
zu Recht
„Das Tor zur Welt“.
Deine Tugenden waren
Freizügigkeit, kaufmännisches Denken
und hanseatisches Handeln.
Die Knotenpunkte aus
Moderne, Verantwortung und Tradition –
„Gibt es sie noch?“

Dein
blühendes Bild
der Mannigfaltigkeit
verliert seinen Glanz
und somit
die sympathische Ausstrahlung
deines Angesichts.

Das Rathaus überstand
so manchen Sturm
in historischen Zeiten.
Auch die jüngere
Vergangenheit
hat bewiesen, dass
DU
standhaft bist
als
„Fels in der Brandung“.

Dein „Senat“,
das politische Parlament,
war einst der Ort,
wo
Kaufleute und Unternehmer,
Notare und Juristen
mit hanseatischer Würde
das Senatorenamt
ausübten.

Dieser Stolz
ist geschwunden.
Für ein unpopuläres
populistisches
Aufsehen
sorgt derzeit
ein Ratsherr,
welcher
der „Senatorenwürde“
nicht
gerecht wird.

Die Lokalpresse
wie auch
internationale Presseagenturen
erheben mahnend
ihre Stimme
in Artikeln, Berichten und Reportagen.

Autoren und Publizisten
beobachten besorgt
das politische Geschehen.
In Essays, Kommentaren und Interviews
ergreifen sie
das Wort,
um ihrer Kritik
Ausdruck zu geben.

Als persönliches Kommuniqué
übersende ich dir,
meiner Heimatstadt Hamburg,
nachstehenden Schriftsatz:

Verehrte
Freie und Hansestadt Hamburg
besinne dich auf deine Tugenden,
welch dich
in der Vergangenheit
vor größerem Ungemach
bewahrt haben!
Man wird es
DIR
danken.

Ichbezogenheit

ist die gesellschaftliche
Errungenschaft
unserer Zeit.
Sie breitet sich
aus
ohne Unterlass.
Das Wesentliche
unserer Gemeinschaft
wandert
und das stetig
in den Hintergrund.
Die **ICH**-Bezogenheit
stärkt
die eigene Hartherzigkeit.
Unsere Werte
und die Bilder
unserer Gemeinschaft
sind nur noch
ein Wert
in
Wort und Schrift.
Die Habgier
ist keine Zier
bedingungslos
beeinflusst sie
die Gesellschaft.
Sie überträgt sich
wie ein Keim
von Mensch
zu Mensch
und ergreift
sein **ICH**.

Überwältigt
von diesem
neuen Gefühl
des **ICH**-Seins
übermannt
bin ich stark
und
lebe und kenne
die Werte
der Gesellschaft
nicht.
Ich bin ich
was zählt
bin ich.
Das **ICH**
ist
groß und stark,
mich interessiert
nur mein **ICH.**

Sehend und bewusst
verroht
die Gemeinschaft
was bleibt
ist das **ICH**
was auf lange Sicht
vereinsamt
und steht
vor dem nichts.

Gerede Gerede

leeres Gerede
leere Luftblasen
werden gefüllt
mit hüllenlosem
Gerede.
Sie füllen
den Raum
erdrücken
die Stimmung
und jeder
fühlt sich
handelnd
es zu tun.

Zu reden zu reden
ohne Inhalt
ohne Stoff
erdrückend
wird die Luft
für den richtigen
und wichtigen Inhalt
fehlt der Raum.

Aus dem Gerede
wird Geplapper.
Aus dem Geplapper
wächst die Fläche
ohne Inhalt
mit flachem Ton.

Die Gesellschaft
wächst mit diesem Ton

sie verhüllt
das Wichtige
denn das Gerede
und Geplapper
ist
der Unsicherheit
wichtigster Ton.

Kein Platz
für nur
ein Wort
ein Satz
ein Ansatz
ein Vers
für
den Geist
der Zeit.
Der Schrei
nach Geistesnahrung
und Erhebung
gegen
das Geplapper
und Gerede
halbe Sätze
viertel Worte
mit dem Hauch
von einem Buchstaben.
So stehen sie
und
sitzen sie
schauen fragend
in den Raum.
Warum?

Es regiert
kaum
ein Mensch
da jeder
beschäftigt ist
mit sich selbst.
Abhanden geht
und das ist
gewiss
der Sinn für
das SEIN
so bleibt es aus
das mit sich
SEIN
im reinen.

Soziale Gegenwart (II)

Ein Anker in Zeiten der Unsicherheit: Die betriebliche Seelsorge

Landauf, landab diskutiert man über Veränderungen hier und da. Die meisterwähnte Reform ist die Einführung des Arbeitslosengeldes II, besser bekannt als sogenanntes Hartz-IV-Gesetz. Was dieses Gesetz für die Einzelnen und ihre Angehörigen bedeutet, darüber haben die Medien ausführlich berichtet. Worum es uns hier geht, ist jedoch, einmal aufzuzeigen, welche Folgen diese Reformen auch für die beschäftigten Arbeitnehmer haben. Die Flut der Reformen macht ja auch vor den Toren der Betriebe nicht halt. So werden zum Beispiel immer wieder Äußerungen laut, auch Bewährtes aufzukündigen, wie etwa bestehende Tarifverträge und Vereinbarungen. Zudem erleben viele, dass das Arbeitspensum, das geleistet werden muss, um bestimmte Messlatten zu erreichen, erhöht wird. Dieser persönliche Druck und die Ungewissheit, was auf die Arbeitnehmer zukommt, werden für viele zur existenziellen Unsicherheit.

Viele sind dadurch nicht nur mit der Angst konfrontiert: **„Behalte ich meinen Arbeitsplatz?“**, sondern auch mit der Frage: **„Wo bleibe ich bei alldem als Mensch mit meiner Würde in Betrieb und Gesellschaft?“**

Oft wirken diese Ängste und Nöte wie ein Strudel, der die Betroffenen geistig-seelisch nach unten zieht und enorme negative Auswirkungen auf ihr Verhalten am Arbeitsplatz hat.

In meiner Funktion als Mitglied einer Personalvertretung im Gesundheitswesen werde ich zunehmend mit dieser Situation konfrontiert. In vielen Gesprächen erlebe ich Mitarbeiter, die durch den persönlichen Kraftaufwand, den das tägliche Arbeitsleben erfordert, unter dem leiden, was oft als Burn-out-Syndrom bezeichnet wird. Diese Erschwernis lässt sich leider auch nicht an der Haustür ablegen., sondern berührt auch ungewollt das private Leben des Einzelnen und seine Familie. Renommierte Tageszeitungen und Fernsehsendungen haben darüber in letzter Zeit ebenfalls vermehrt berichtet.

Einige wenige Weltkonzerne haben nun offenbar die Zeichen der Zeit erkannt. Sie bieten jetzt den betroffenen Mitarbeitern fachkundige Hilfestellung, etwa durch Pastoren und Psychologen, an.

WIE aber ist es in Klein-, mittleren und Großbetrieben, die nicht mit dieser Möglichkeit, hilfreich zu handeln, aufwarten können?

Da sind wir alle gefragt, da zu sein, aufmerksam zuzuhören und allein dadurch schon Hilfestellung zu geben.

WER ist darüber hinaus an diesem Punkt gefragt, hilfreich zur Seite zu stehen?

Da gibt es zum einen die örtlichen Arbeitnehmervertretungen. Ein anderer Weg kann das persönliche Gespräch mit der Pastorin oder dem Pastor sein.

WAS kann ich selber veranlassen, um mir helfen zu lassen?

Es gilt, die persönliche Hürde zu überwinden, darüber zu sprechen, etwa mit einer Person des Vertrauens. Es ist wichtig, das Thema nicht zu verschweigen, sondern die Herausforderung anzunehmen, sich dieser Situation zu stellen.

WOMIT kann ich persönlich die erste Phase überbrücken, um nicht das Gleichgewicht zu verlieren?

Unser Evangelisches Gesangbuch, Ausgabe für die Evangelisch-Lutherischen Kirchen in Bayern und Thüringen, bietet im Anhang mit seinen Kapiteln zu verschiedenen Rubriken sehr Interessantes, Lesenswertes und Hilfreiches an, wie etwa die Kapitel „Beten und Feiern im Wechsel der Zeiten“ (Nr. 841–851) oder „Gebet und Meditation“ (Nr. 890–893). Diese

Schriften sind für mich ein kleiner, aber immer sehr wichtiger und persönlicher Weg, den Geist zu festigen und die Gedanken zu stärken. Dazu gehört auch nachfolgender Text von Bernhard von Clairvaux (siehe obiges Gesangbuch, Nr. 864.2), der mir in der augenblicklichen Situation besonders wichtig geworden ist.

„Gönne dich dir selbst!
Ich sage nicht: Tu das immer.
Ich sage nicht: Tu das oft.
Aber ich sage: Tu es wieder einmal.
Sei wie für alle anderen Menschen
Auch für dich selbst da.
Oder jedenfalls sei es nach allen anderen.“

Winter 2004/2005

Nachlese zum 30. Deutschen Evangelischen Kirchentag in Hannover

In der Zeit vom 25. bis 29. Mai 2005 fand in Hannover der 30. Deutsche Evangelische Kirchentag statt. Das Leitthema für diese Veranstaltung orientierte sich am 5. Buch Mose 6,20 und lautete, unserer Zeit angepasst: „Wenn dein Kind dich morgen fragt …"

Mich persönlich beschäftigt diese Fragestellung schon über einen längeren Zeitraum, nicht erst seit dem Kirchentag in Hannover. Natürlich: Woher weiß ich heute, was mich ein Kind, ein Jugendlicher oder ein junger Erwachsener morgen fragen wird? Trotzdem erinnert mich dieser Vers doch auch an meine Verantwortung, dass ich mit einer Antwort irgendwann auch einmal Rechenschaft geben muss für das Heute. Und da stellt sich mir die Frage: Was werde ich der Generation von morgen antworten können?

Diese Antwort wird sicher nicht leicht sein. Sie wird viel Selbstkritik erfordern. Sie setzt aber heute schon auch ein ehrliches Eigenhandeln und Vorleben voraus. Wir müssen heute so leben, dass wir morgen unseren Kindern guten Gewissens eine Antwort geben könnten.

Durch meinen Beruf und meine Tätigkeit im Sozialwesen bewegt mich vor diesem Hintergrund vor allem die Frage nach den Reformen. Im sozialen Bereich und darüber hinaus kommen viele Neuerungen auf unsere Gesellschaft zu. Diese Veränderungen haben nicht nur Auswirkungen auf den Einzelnen in der Gegenwart, wobei sie heute vor allem Familien mit Kindern und Alleinerziehende betreffen, sondern wirken auch weit darüber hinaus in die nächsten Generationen hinein. Das macht es notwendig, diese Reformen heute auch kritisch zu beobachten und zu analysieren, denn eine Frage, die sich aus dem Leitvers des Kirchentages von Hannover ergibt und sich an ihm orientiert, könnte in der Zukunft auch lauten: Warum habt ihr seinerzeit diese Sozialreform zugelassen und keinen Widerspruch erhoben?

Mit dieser und vielen anderen Fragen werden wir uns einmal auseinandersetzen müssen. Wüssten Sie, was Sie darauf antworten würden? Ich bin mir da für mich selbst nicht sicher. Aber das Leitthema des Kirchentages vom Mai 2005 erinnert mich aufs Neue daran, dass wir uns über Generationen hinaus wieder verständigen müssen, um auch die Zukunft meistern zu können.

Winter 2005/2006

Vom Verbraucher zum Schuldner

Das Fest der Liebe und des Schenkens ist gerade mal vier bis sechs Wochen her. Erinnern Sie sich noch, verehrte Leserinnen und Leser, wie die Werbung von Einzelhandelsunternehmen vor diesem Fest geklungen hat? Ich persönlich erinnere mich noch an Slogans wie **„Kaufen Sie jetzt und zahlen Sie erst im Januar"** oder **„Bequemes Bestellen aus dem Katalog – Zahlung in Raten möglich"**.

In einer weiteren Werbung, die mir ebenfalls aufgefallen ist, fand sich die Aussage: **„Diese Angebote gelten nicht für Markenartikel und erst bei einer Anzahlung von … Euro."** Diese Bedingungen wurden dem Verbraucher im Schnelldurchlauf nach der Hauptwerbung eröffnet, das heißt zu einem Zeitpunkt, wo die eigentliche Werbung noch nachklingt. So fällt kaum auf, dass dieses Werbeangebot nur mit Einschränkungen gilt.

Solche Werbeslogans haben aber eine Auswirkung auf den Verbraucher. Und mir persönlich stellt sich die Frage: *Was verändert sich am Konsum- und Kaufverhalten, wenn sich Verbraucher auf Ratenzahlung einlassen?*

An diesem Punkt beginnt ein Verhalten, das man nicht genau erklären kann. Wenn bei einer Ratenzahlung oder anderen Zahlungsmodalitäten beim ersten Mal alles gut gegangen ist, beginnt eine Verselbstständigung des Kaufverhaltens. Aus einer Ratenzahlung werden schnell mehrere, und somit öffnet sich der Weg in die Schuldenfalle.

Damit bahnt sich zugleich die Gefahr eines unaufhaltsamen Dominoeffekts an. Ab diesem Zeitpunkt beginnt der Verwaltungsablauf von der höflichen Zahlungserinnerung bis zur ersten und dann folgend zweiten und dritten Mahnung. Es folgen die weiteren Schritte, wie zum Beispiel die Abholung der Ware, die Zustellung von Vollstreckungsbescheiden und das anschließende Verfahren vor Gericht.

Die viel besprochene Private Insolvenz wird zur traurigen Realität. Leider gibt es in der Bundesrepublik Deutschland sehr viele Privathaushalte, die von einer solchen Insolvenz betroffen sind. Dabei spielt es keine Rolle, ob es sich um einen Haushalt mit einer Person handelt oder einen Haushalt mit mehreren Personen.

Aus diesem Grund gibt es die Schuldnerberatungsstellen. Sie wurden aufgrund der hohen Anzahl von Privatschuldnern geschaffen. Diese Einrichtungen dienen als Wegweiser und Helfer aus der Privaten Insolvenz.

Die Schuldnerberatung in unserem Landkreis Miesbach nennt sich **Schuldnerberatung und Schuldnerselbsthilfe e. V. (Tel. 08025-280621).** Es ist eine soziale Facheinrichtung der Caritas Miesbach.

Ich möchte Sie abschließend ermuntern, in Ihrem vertrauten Kreis einmal eine Diskussion über dieses brisante Thema zu führen.

Mögest du immer klar bei Verstand sein
bei allem, was du tust!

Ostern und Pfingsten 2006

Soziale Gegenwart (III)

Lernfeld für Integration – eine Rolle auch für Kirchengemeinden

Die Vorfälle und Erfahrungen an der Rütli-Schule in Berlin waren in den letzten Wochen oft Thema der Medien. Viel war zu lesen und zu hören über die Probleme bei der Integration von Jugendlichen mit Migrationshintergrund und mit anderen schwierigen sozialen Hintergründen, aber auch über Versuche, im Miteinander neue (schul-)politische Wege zu beschreiten. Diese Ereignisse haben wieder neu die Frage aufgeworfen, wie ein Zusammenleben und -wachsen in der Gesellschaft möglich ist und welche Rolle dabei die Schulen spielen. Aber nicht nur die Schulen sind hier gefragt, sondern auch außerschulische Einrichtungen wie etwa die Verbände.

„Integration heißt: Respekt vor dem anderen", schreibt in ihrer Juni-Ausgabe 2006 die Zeitschrift „Lauffeuer", das offizielle Organ der Deutschen Jugendfeuerwehr. Dies zeigt die Bedeutung dieser Thematik auch im Rahmen der freiwilligen Feuerwehr, stellvertretend für alle anderen Organisationen, unterstreicht aber auch die wichtige Funktion solcher Verbände, Lernfelder für gegenseitigen Respekt und Anerkennung zu sein.

Nicht zuletzt sind da aber auch die Kirchengemeinden gefordert. Es ist zu wenig, wenn die Kirche hier nur mahnend den Zeigefinger erhebt. In den Gemeinden vor Ort muss auch etwas davon erfahrbar sein, dass Menschen mit unterschiedlichen und oft auch gegensätzlichen Hintergründen zusammenleben können. Dies gilt speziell auch für das Zusammenspiel verschiedener Generationen und vor allem auch für die Einbindung von Jugendlichen in Gottesdienst und Gemeinde. Viele unterschiedliche Interessen und Erwartungen stoßen da aufeinander, die nicht immer leicht zusammenzubringen sind und oft viel Verständnis füreinander erfordern. Gerade in den unterschiedlichen Wünschen an die Gestaltung der Gottesdienste ist dieser Gegensatz oft besonders spürbar, wenn es für manche Besucher unvereinbar ist, im traditionellen Gottesdienst moderne und auch unkonventionelle Elemente wie zum Beispiel neue Kirchenlieder zu verwenden. Aber gerade der Gottesdienst hat diese Möglichkeit, Tradition und Gegenwart zu verbinden und damit eine Brücke zu schaffen für die unterschiedlichen Bedürfnisse.

Voraussetzung hierfür ist, aufeinander zuzugehen und vor allem: beim anderen hinzuhören, was ihm wichtig ist. Das sind oft die ersten, einfachen Schritte. Und da sind wir als Erwachsene auch als Erste gefordert, dies vorzuleben und damit Vorbild zu sein. Auf diese Weise kann auch eine Kirchengemeinde ein Ort und Beispiel sein, an dem junge Menschen die Erfahrung machen können, verstanden und ernst genommen zu werden und auch etwas anderes erleben zu dürfen als Gewalt und gegenseitige Abwertung.

Sommer und Herbst 2006

Europa und Kirche – eine Herausforderung

Am 1. Januar 2007 erweiterte sich die Europäische Union mit Bulgarien und Rumänien um zwei weitere Länder. Damit gehörten dem Staatenbund zu diesem Zeitpunkt 27 verschiedene Nationen an. In diesem Bündnis wollen sie einen Gemeinschaftssinn entwickeln und zusammenwachsen. Dazu gehört etwa, dass die wirtschaftliche Zusammenarbeit zwischen den Staaten vereinfacht wird. Die Einheitswährung schafft dabei eine Art Beständigkeit der Union, wenn auch hier und da umstritten.

Als Bürger erleben wir dieses Zusammenwachsen beispielsweise in der Reisefreiheit und in einer kulinarischen Vielfalt, die wir genießen dürfen. Dazu gehört aber auch die kulturelle Bereicherung, wenn uns durch dieses Bündnis Literatur und Musik anderer Staaten nähergebracht werden. Zahlreiche Schulen, so auch die in Bad Wiessee, engagieren sich hier in EU-weiten Projekten mit Schuleinrichtungen anderer Länder.

Dieses Zusammenwachsen bringt aber auch neue Herausforderungen mit sich. Es bedeutet auch immer, äußere und innere Grenzen zu überschreiten. Hier sind auch die Kirchen stark gefordert.

Die Vielfalt von Nationen birgt zugleich eine Mannigfaltigkeit von Konfessionen und Religionen in sich. So bekommen mit Bulgarien und Rumänien beispielsweise die orthodoxen Kirchen ein viel stärkeres Gewicht in der Europäischen Union. In meiner Tätigkeit im Krankenhaus in Bad Tölz begegnet mir mit orthodoxen Christen zunehmend diese Form christlichen Glaubens, die vielen von uns wenig im Bewusstsein ist.

Die orthodoxen Kirchen haben sich 1054 im großen Schisma (Kirchenspaltung) von der römischen Kirche getrennt. Sie nennen sich „orthodox", weil sie für sich die rechte Lehre beanspruchen. Im Mittelpunkt ihres Gottesdienstes stehen die lobpreisende Verherrlichung Christi und seine Gegenwart in der

Liturgie. Theologie, Liturgie und Spiritualität zielen dabei auf die Erlösung des Menschen, die sich in einer Verwandlung im Sinne einer „Vergöttlichung" („Theopoiesis") vollzieht.

Für viele ist besonders die mystische Seite dieser Konfession ansprechend, die einem vermittelt, geradezu in einer anderen Welt zu sein. Zahlreiche Kerzen, ganz besonders bei den eindrucksvollen Osterfeierlichkeiten, und die ausdrucksstarken Ikonen unterstreichen dieses besondere Gefühl.

Bei dem Wort „Ökumene" denken wir unwillkürlich an das Miteinander von evangelisch-lutherischer und römisch-katholischer Kirche. Die orthodoxen Kirchen gehören hier aber ebenfalls wesentlich dazu. Sie sind zum größten Teil, wie die evangelischen Kirchen auch, Mitglieder des Ökumenischen Weltrats der Kirchen (ÖRK), der sich das Zusammenwachsen der Kirchen zum Ziel gesetzt hat.

Was uns eint, ist der gemeinsame Glaube an Jesus Christus. Sprechen wir vielleicht in verschiedener Weise zu Gott, so verstehen wir doch alle diese eine Geste: einander die Hand zu reichen, über alle Grenzen hinweg. Dazu kann uns dieser gemeinsame Glaube stärken und ermutigen.

So können gerade die Kirchen, trotz aller Unterschiedlichkeit, ein Zeichen setzen und mithelfen, innerhalb der Europäischen Union zusammenzuwachsen. Das entspricht auch dem Wesen unseres christlichen Glaubens, dem wir im Grunde alle verpflichtet sind:

Den Menschen unabhängig von Herkunft,
Nationalität und Kultur mit Respekt
zu begegnen.

März/Juni 2007

Soziale Gegenwart (IV)

Die französischen Arbeiterpriester – mehr als nur eine Legende

„Ich muss mich unter jene reihen, die kämpfen und unter Mühen versuchen, durch ihre Organisationen und Bewegungen, durch ihre Zusammenkünfte und Aktionen, eine Welt aufzubauen, in der der befreite Mensch endlich imstande sein wird zu lieben."

So schreibt Michel Quoist, einer der bekanntesten französischen Arbeiterpriester.

Seit März 2000 hat mich diese Gruppe in ihren Bann gezogen. Eine Sendung im Bayerischen Rundfunk hatte daran einen wesentlichen Anteil.

Wer sind sie, diese sogenannten „Arbeiterpriester"?

Sie sind unter den Theologen in Frankreich eine besondere „Equipe". Sie leben in sozial empfindlichen Gegenden, wie zum Beispiel bei den Dockarbeitern an den Hafenanlagen oder in den verwahrlosten Vorstädten. Was diese Theologen auszeichnet, ist ihr „Doppelleben" zwischen Schraubenschlüssel und Tabernakel. Zum einen gehen sie einer regulären Arbeit nach. Sie sind unter anderem in verschiedenen gewerblichen Berufen tätig und führen dabei ein oft unauffälliges Leben in der Arbeiterschaft. Zum anderen widmen sie sich aber als geweihte Priester nach dieser gewöhnlichen Arbeit auch ihrer theologischen und sozialen Aufgabe. Diese reicht von der Mithilfe beim Ausfüllen von Anträgen und der Begleitung zu Behörden bis hin zur Seelsorge, wenn sie in den Arbeiterfamilien gerufen werden, um diesen beizustehen. Aufgrund der Vielfältigkeit ihrer Arbeit passen sie in keine gewöhnliche Schublade der uns bekannten organisierten und strukturierten Pfarrgemeinden.

Wie in dem Zitat von Michel Quoist deutlich wird, ist es ihr Anliegen, sich ganz und gar den Menschen an die Seite zu stellen, die in der Gesellschaft oft sehr am Rand stehen. Dies wirkt sich bis in die Sprache aus.

Selbst die Gebete von Michel Quoist enthalten im Kern die Gedanken des Alltags. Sie greifen die Themen auf, die er „auf der Straße" fand. Mit ihrer unkomplizierten und einfachen Wortwahl sind sie so verfasst, dass ein jeder sie auch verstehen kann.

Die sehr persönlichen Aufzeichnungen von Michel Quoist zeigen dabei, wie wichtig diese Gruppe der Arbeiterpriester damit in ihrem sozialen Umfeld geworden ist.

Von der großen Bedeutung dieser oft im Verborgenen wirkenden Männer schreibt auch Marietta Peitz. Sie gibt einen strukturierten Bericht mit vielen Gegebenheiten der Arbeiterpriester von Dünkirchen, einer Hafenstadt am Ärmelkanal, seit dem Beginn dieser Bewegung im Jahre 1946. Aber auch die großen Schwierigkeiten dieser Priester bleiben bei ihr nicht unerwähnt, wie etwa das römische Verbot, aber auch dessen „Neutralisierung" während des „Zweiten Vatikanischen Konzils", als sogar die „liebende Sorge ohne Gott" der Kirche anvertraut wurde. Diese Schilderungen lassen nur erahnen, mit welchen kirchenpolitischen Schwierigkeiten sich diese Gruppe immer wieder auseinandersetzen musste. Aber auch politische Hindernisse galt es mehrfach zu meistern, insbesondere während der Algerienkrise. 1971 endete nach einem Vierteljahrhundert schließlich diese außergewöhnliche Geschichte mit den Arbeiterpriestern der jüngeren Vergangenheit in Dünkirchen. Bis heute sind sie jedoch weiterhin in anderen Großstädten Frankreichs, wie etwa in Lyon, aktiv und anerkannt.

Diese Gruppe von Theologen, die weder nach Herkunft noch nach etwas anderem fragt, macht einfach nur ihre Arbeit. Getragen vom Wort Gottes und ihrem Glauben, sind sie bereit, auch unangenehme Aufgaben anzunehmen und auszuführen. Es ist bemerkenswert, wie sie in den sozialen Brennpunkten für das Recht des Schwächeren einstehen und sich der Herausforderung stellen, auf diese Art für mehr Lebensqualität zu sorgen. Die Unerschrockenheit dieser besonderen französischen Equipe ist immer wieder begeisternd. Weder vor der Kirchenpolitik noch vor anderen politischen Gremien schrecken sie zurück, um ihrer Berufung nachzugehen.

Es ist eine Bewegung, die damit legendär geworden ist in der „Grand Nation", aber auch zu uns nach Deutschland ausstrahlt.

Inzwischen gibt es auch evangelische Pastoren, die diesen Weg gehen. In Zukunft wird es in Deutschland eine noch weitausgrößere Herausforderung für Pastoren und Pfarrer, aber auch für ganze Kirchengemeinden werden, sich jenen Menschen zur Seite zu stellen, die unter der sich ständig ändernden sozialen und Arbeitswelt zu leiden haben. Was wir hierbei von den Arbeiterpriestern lernen können, ist vor allem auch, dabei ungewöhnliche Wege zu gehen, die oftmals sogar die festen Strukturen und Denkmuster überwinden müssen. Als evangelische Christen mit unserer Überzeugung von einem „Priestertum aller Gläubigen" können und sollten wir damit selbst „Arbeiterpriester" werden – jeder an seinem Ort.

Sommer 2007

Persönlich nachgedacht

Mit den Vorsätzen, die man in der Nacht des Jahreswechsels fasst, ist das ja so eine Sache: Wie schnell verwirft man sie wieder und geht seinen alten Gewohnheiten nach!

Zum Jahreswechsel 2007/2008 sollte es einmal anders sein, und ich habe mir dazu ein ganz konkretes Vorhaben zum Ziel gesetzt: Mein Kaufverhalten und mein Umgang mit den neuen Medien wollte ich neu überdenken und vor allem eines: begrenzen. Die Idee zu diesem Entschluss kam mir durch die ungeheure Reizung aller Sinne in der Vorweihnachtszeit, die ja nur den einen Zweck hat, den Konsum anzuregen. Sich da einfach einmal auszuklinken aus der wachsenden Konsumgesellschaft, um das eigene Bewusstsein auf das Wesentliche zu lenken, das war mein Wunsch. Der Gebrauchswert der zu erwerbenden Artikel sollte wieder im Mittelpunkt stehen, auch der Nutzen der neuen Medien und nicht allein die Freude am Konsum, am bloßen Erwerben und Haben. Dieser Herausforderung wollte ich mich stellen. Es war keine leichte, aber lösbare Aufgabe.

Ich habe mir in besagter Silvesternacht konkret die Aufgabe gestellt, in den kommenden vier Wochen zum einen auf das Internet und das mobile Telefon zu verzichten und zum anderen den Erwerb neuer Sachen wirklich einzuschränken.

Was den Verzicht auf das Internet anging, so meine Erfahrung, war es in der gegenwärtigen schnellläufigen Zeit mehr als schwierig, dies durchzuhalten. In dieser Zeit haben mich ständig Sätze begleitet wie: „Ich habe Dir eine E-Mail geschrieben. Hast Du sie schon gelesen?“ oder im beruflichen Alltag als Mitglied der Personalvertretung: „Sie können im Internet die neuesten gesetzlichen Änderungen nachlesen, nutzen Sie diese Möglichkeit!“

Immer wieder wurde ich auf das Internet verwiesen. Sich ihm zu entziehen, war kaum möglich. Hinzu kam, dass auch meine Neugier in der ersten Woche sehr groß war. Ich habe meinen klar formulierten Vorsatz in dieser einen Woche dreimal gebrochen. In der darauffolgenden Woche war es dann nur noch zweimal, bis ich in den beiden letzten Wochen es auf ein einziges Mal beschränken konnte. Dabei habe ich gemerkt, dass es im Grunde eine reine Angelegenheit des innerlichen Trainings war, auf den Gebrauch des Netzes zu verzichten.

Anders war es mit dem Gebrauch des mobilen Telefons. Natürlich war auch hier der Verzicht in diesem Zeitraum eine Herausforderung. Dieses kleine elektronische Teil ist schon eine Versuchung, weil es zu unbegrenzter Erreichbarkeit verführt. Ich habe es in dieser Zeit bewusst abgeschaltet, und obwohl das Bedürfnis, es zwischenzeitlich wieder einzuschalten, sehr groß war, war dieser Versuch doch etwas einfacher als beim Internet: Der ständige kleine elektronischer Begleiter lag in der Schublade und ward nicht mehr gesehen.

Bei diesem Selbstversuch kam ich zu dem Ergebnis, dass der Verzicht auf diese Medien durch ein persönliches Training und mit der richtigen Einstellung durchaus durchführbar ist. Es hat mir ein Gefühl der Freiheit gegeben, mich immer weniger von den neuen Medien bestimmen zu lassen. Was in diesem Zeitraum natürlich geblieben ist, sind die vertraglich festgelegten Kosten. Dennoch habe ich es gerade beim mobilen Telefon genossen, von Lärmfaktor weniger behelligt zu werden.

Meine zweite selbst gestellte Aufgabe war, wie gesagt, mein Kaufverhalten in dieser Zeit neu zu überdenken. Viele Wünsche waren und sind noch offen, wie zum Beispiel der Erwerb von neu erschienenen Büchern, CDs sowie diversen Zeitungen und Zeitschriften. Die Werbungen und Darbietungen mit ihren informativen Inhalten und attraktiven Aufmachungen waren mehr als gut. Auch die Neuerscheinungen in den zugesandten Katalogen mit ihren Sonderangeboten waren von ihrer Aufmachung her verlockend. Besonders groß war die Versuchung aufgrund der angepriesenen Preisreduzierungen.

Es fiel mir wirklich nicht leicht, die gewünschten Artikel nicht zu erwerben. Es ist also auch hier ein klares „Kopf-Training“, der Konsumgesellschaft auf diesem Wege zu entsagen. Aber einen großen Gewinn hatte ich dabei: Ich begann all das intensiv zu genießen, was ich hatte, ohne mich sofort auf etwas Neues zu stürzen. So fand ich endlich wirklich die Zeit, die abonnierte Kulturzeitung zu lesen, ohne dass im Vordergrund gestanden hätte, unbedingt ein neues Buch oder eine neue Zeitschrift erwerben und lesen zu wollen. Nicht nur günstiger wird dadurch das Leben, sondern auch bedeutend intensiver!

Sicherlich: Meine Beispiele hier sind absolut nicht repräsentativ. Aber vielleicht laden sie dazu ein, selbst einmal diesen Weg zu gehen und in einem Eigenversuch der Konsumgesellschaft zu entsagen. Möglicherweise machen Sie dann die gleiche Erfahrung:

Es macht das Leben reicher – in jeder Hinsicht.

Ich wünsche Ihnen dabei viel Erfolg!

März/Juni 2008

Soziale Gegenwart (V)

Der diakonische Auftrag heute

Die Diakoniebewegung hat viele bedeutende Persönlichkeiten hervorgebracht. In diesem Jahr (2008) gedenken wir anlässlich ihres 200. Geburtstages zweier herausragender Persönlichkeiten und ihres Dienstes an den Menschen. Es ist dies für den norddeutschen Raum JOHANN HINRICH WICHERN (1808–1881) sowie für die bayerische Region WILHELM LÖHE (1808–1872). Mit ihrer Beharrlichkeit und dem zielstrebigen Weg, etwas zu bewegen, haben sie ihre Einrichtungen gegründet, von denen wir bis heute in einem sehr großen Umfang profitieren.

Ein weiterer Gründungsvater dieser Bewegung war THEODOR FLIEDNER (1800–1864). Er gründete 1836 in Kaiserswerth das erste Krankenhaus mit einem Diakonissenmutterhaus. Bis in die heutige Zeit und trotz vieler Reformen haben sich diese Häuser ihren Stellenwert erhalten. Auch in unseren Partnerkirchengemeinden in Palästina wirkt die segensreiche Tätigkeit der Kaiserswerther Diakonissen, indem sie den diakonischen Auftrag der Kirche zu verwirklichen suchten, bis in die Gegenwart nach.

Aber woher kommt dieser diakonische Auftrag?

Er hat seine Wurzeln in unserem „Glauben, der durch die Liebe tätig ist“ (Galaterbrief 5,6). Schon im Alten Testament

1 Nachfolgende Texte beruhen auf Beiträgen, die in den Evangelisch-Lutherischen Gemeindebriefen der Gemeinde Bad Wiessee/ Oberbayern veröffentlicht wurden, deren redaktioneller Mitarbeiter der Autor ist. – Die Teile I bis IV dieser Themenreihe des Autors er- schienen in den Ausgaben 2006 bis 2009 der Frieling-Edition „Die großen Themen unserer Zeit. Autoren im Dialog“.

Hier und nächste Seite ist textchaos

stand der Schutz der Schwachen und Bedürftigen im Mittelpunkt. Propheten wie Amos, Hosea, Micha und Jesaja haben dafür immer wieder im Namen Gottes ihre Stimme erhoben. Nichts anderes galt dann für Jesus. Für ihn stand fest, dass wir barmherzig sein sollen, „wie auch euer Vater barmherzig ist" (Lukas 6,36). Nicht zuletzt bezieht sich auch die „Magna Charta der Diakonie", die Vision des großen Weltgerichts in Matthäus 25, auf Jesus selbst: „Alles, was ihr getan habt ei-nem von diesen meinen geringsten Brüdern, das habt ihr mir getan" (Matthäus 25,40). So wurde die Diakonia (Dienst am Nächsten) neben der Liturgie (Gottesdienst), der Mayrtyria (Zeugnis) und der Koinonia (Gemeinschaft) für das Christentum von Anfang an eine Säule ihres Lebens, und eine Kirche, die nicht auch diakonische Kirche ist, ist dadurch undenkbar geworden.

„Diakonie ist das handelnde Wort und die sprechende Tat der Christen in dieser Wirklichkeit" – so formuliert es die sogenannte Diakonie-Denkschrift von 1998 (Seite 10). Dieses Handeln von Christen in unserer Wirklichkeit geschieht heute auf verschiedene Weise.

Wir haben zum einen das Diakonische Werk. Diese Einrichtung entstand 1975 aus dem Zusammenschluss von Innerer Mission und Hilfswerk der evangelischen Kirche in Deutsch- land. Hauptaufgaben des Diakonischen Werkes sind unter anderem Nothilfeprogramme, die Katastrophenhilfe, Schulen, die Fürsorge für Sondergruppen wie Seeleute und Obdachlose so- wie die Altenhilfe. Auch die Bahnhofsmission ist eine Einrichtung des Diakonischen Werkes. Aus diesem kleinen Ausschnitt der Tätigkeitsschwerpunkte ist schon erkennbar, dass dieses Werk im großen Umfang Hilfestellung für Bedürftige leistet.

Zum anderen gibt es auch auf lokaler Ebene Institutionen wie den Diakonieverein im Tegernseer Tal e. V. Dieser Verein hat es sich zur Hauptaufgabe gemacht, sich im Bereich der häuslichen Krankenpflege zu engagieren. Neben diesem Engagement erfüllt er noch eine Vielfalt von weiteren Aufgaben wie zum Beispiel

Seniorenbetreuung, Nachbarschaftshilfe und Haushaltshilfen. Auch die Diakoniestation in Gmund am Tegernsee ist eine Anlaufstelle für Beratung. Gerade in der heutigen Zeit mit dem Schwerpunkt Sozialbetreuung ist dieser Verein eine mehr als wichtige Einrichtung im Tegernseer Tal.

Und schließlich gehört zum weiten Spektrum der Diakonie der persönliche Einsatz Einzelner, mit dem sie dem diakonischen Auftrag an jeden von uns nachkommen. Ob das im Besuchsdienst geschieht oder auch in Form der Selbsthilfe im Be- reich der Familie, im Freundes- oder Bekanntenkreis – es gibt viele Angelegenheiten im Alltag, die einer kleinen Hilfestellung bedürfen. Wer von uns kennt nicht die Situation, dass man um Hilfe gebeten und gebraucht wird? In solchen – oft auch kleinen – Situationen stehen wir selbst vor der Herausforderung, unseren diakonischen Auftrag zu erfüllen, und wie gut und wichtig ist es, sich dem dann auch mit fachlichem Wissen und dem nötigen Geschick stellen zu können.

Bei all unserem Einsatz für unser Mitmenschen dürfen wir aber auch wissen: Unser „Dienst ist nicht nur Hilfe für den Nächsten, sondern auch bereichernder Beitrag zum Leben der Kirche und zur Verkündigung der frohen Botschaft von der Barmherzigkeit Gottes für diese Welt“ (Diakonie-Denkschrift, Seite 74).

Sommer 2008

Das Ehrenamt – eine unersetzliche Einrichtung in Kirche und Gesellschaft

Was wären wir ohne die Bereitschaft von einzelnen Bürgern, die sich in ihrer Freizeit unentgeltlich für die Gemeinschaft einsetzen? Das Leben in unserer Gesellschaft wäre ohne sie kaum möglich! So gibt es in Gemeinden und Städten Einrichtungen, die Tag und Nacht für ihre Mitmenschen da sind und diesen Einsatz oft in Sekundenschnelle möglich machen. Dazu gehören etwa die Freiwilligen Feuerwehren, die Menschen, Tieren und Sachwerten zu Hilfe kommen, oder das Technische Hilfswerk (THW), das als Einrichtung des Bundes über Fahrzeuge und Gerätschaften verfügt. Hier engagieren sich ehrenamtliche Helfer ebenso wie in Hilfsorganisationen wie dem Roten Kreuz, der Johanniter-Unfallhilfe, dem Malteser-Hilfsdienst oder dem Arbeiter-Samariter-Bund. Oder denken wir an Politik und Vereinsleben, Kultur und Sport – all diese Aufgaben wer- den zum großen Teil auch von Ehrenamtlichen getätigt. Das sind in Deutschland rund 23 Millionen Menschen, die sich auf diese Weise als „Stützen der Gesellschaft" einbringen.

Nicht zuletzt sind es aber auch die Kirchengemeinden, die davon profitieren. Als Mitglied des erweiterten Kirchenvorstandes möchte ich an dieser Stelle auch einmal meinen Dank für die rund 130 Ehrenamtlichen aussprechen, die das Leben unserer Kirchengemeinde Bad Wiessee mittragen und möglich machen. In allen Handlungsfeldern unserer Gemeinde sind sie aktiv, und wie bereichernd ist es doch, wenn hier so viele ihre unterschiedlichen Berufs- und Lebenserfahrungen einsetzen und damit auch gegenseitig Brücken bauen!

Aber nicht nur Kirche und Gesellschaft profitieren von diesem ehrenamtlichen Dienst, sondern auch die Ehrenamtlichen selbst. Ich erlebe es als gute Erfahrung, Verantwortung übernehmen zu können, aber auch als große Bereicherung, neue Ekenntnisse zu machen und mein Wissen zu erweitern und weiterzugeben. Schließlich ist es auch die Gemeinschaft und das soziale Netz, das durch ein solches ehrenamtliches Engagement entsteht und das für mich eine tragende Rolle spielt.

Das Ehrenamt bietet darüber hinaus die Möglichkeit, neue berufliche Perspektiven zu gewinnen. Vielen Arbeitgebern wird es immer wichtiger, dass ihre Mitarbeiter sich ehrenamtlich engagiert haben, weil sie dadurch oft soziale Kompetenz und Teamfähigkeit vorweisen können.

Aus meiner Sicht kann ich daher alle nur zum Ehrenamt ermutigen. Mit dem Wissen um die eigenen Grenzen und dem Bewusstsein, dann auch mal Nein sagen zu dürfen, kann jede und jeder in einem Ehrenamt zur Stütze von Kirche und Gesellschaft werden.

März 2009

Mensch, wo bist Du?

Gedanken zur Kirchentagslosung 2009

„Mensch, wo bist Du?“ (1. Mose 3,9) – dieser Leitgedanke des 32. De utschen Kirchentages in Bremen 2009 erinnert uns daran, dass der Mensch seinen eigenen Weg sucht und geht. In dieser Frage schwingt für mich aber auch die Sorge mit, wohin dieser Weg dann oft genug auch führt.

Viele Menschen sind in dieser Zeit von der anhaltenden gedrückten Stimmung in Wirtschaft und Industrie gezeichnet. Der Druck am Arbeitsplatz und die daraus entstehenden familiären Probleme drängen labile Menschen dabei häufig an den Rand der Gesellschaft, oft auch an den Rand ihrer Existenz. Das bedeutet vielfach, dass aufgrund der persönlichen Situation auch die Flucht in die Sucht beginnt. Sie ist zunächst schleichend, man nimmt sie nicht wahr, alles wirkt harmlos. Doch es steigert sich von Mal zu Mal. Aus schleichenden Anfängen wird ein Muss, das nicht mehr zu verheimlichen ist. Der Griff zum ständigen Begleiter, sei es in flüssiger oder fester Form, wird zum festen Bestandteil des eigene Seins. Spätestens ab diesem Zeitpunkt muss die Frage gestellt werden: Mensch, wo bist Du? Wo bist Du gelandet? Denn die Sucht ist kein Ausweg, sie ist ein Irrweg und treibt ihr Spiel mit der Ohnmacht des Betroffenen und seinem Umfeld.

Mensch, wo bist Du? – diese Frage gilt aber auch denen, die einen solchen Weg nicht gegangen sind. Was unsere Gesellschaft braucht, ist der Halt im sozialen Gefüge, und da sind wir alle gefordert.

Es kann nicht mehr um eine weitere Steigerung des eigenen Egos gehen, sondern es geht vielmehr um ein Miteinander, das tragen kann. Gefragt ist heute daher der „soziale Reichtum“, wie es von Trendforschern zurzeit betont wird. Dieser Weg ist auch der entscheidende Weg für Menschen, deren Flucht in die Sucht geführt hat.

Zwar bemerken wir das genannte Problem hier und da immer öfter, doch fühlen wir uns leider oft ohnmächtig und schauen weg. Einem betroffenen Menschen die Hand zu reichen, ist da zuweilen ein sehr schwieriger Schritt, der viel Mut erfordert. Aber ist es nicht auch unsere innerliche und christliche Überzeugung, diesen Menschen zur Seite zu stehen und aus der Sucht zu helfen? Auch wenn unsere persönlichen Möglichkeiten vielleicht eingeschränkt und schnell erschöpft sind, gibt es immer noch den Weg zur professionellen Hilfe, den wir dabei aufzeigen können.

Eine solche Hilfe sind etwa die Psychosoziale Suchtberatungsstelle für Suchtkranke in Miesbach (Tel. 08025/2896-60) oder die Selbsthilfegruppen der Anonymen Alkoholiker (Tel. 089/19295) und ihrer Angehörigen (AlAnon). Letztere treffen sich zum Beispiel jeden Freitag ab 19.30 Uhr im evangelischen Gemeindehaus in Bad Wiessee. Mithilfe dieser Einrichtungen können Menschen in kleinen Schritten aus ihrer Not herausfinden.

Die Frage wird also bleiben: Mensch, wo bist Du? – Wie lautet unsere Antwort?

Sommer 2009

Soziale Gegenwart (VI)

Evangelische Gesangbücher – nur Bücher zum Singen oder „regionale Geschichtsbücher"?

Diese Frage beschäftigt mich schon seit längerer Zeit. Darauf aufmerksam gemacht hat mich einmal ein Berufskollege aus Südtirol während eines Urlaubes. In einem Gespräch erwähnte er, dass er Gesangbücher sammle, da diese viel zu erzählen hätten. Diese Aussage behielt ich im Gedächtnis.

Erneut geweckt wurde mein Interesse für die **„Geschichte der Gesangbücher"**, als ich eine ältere Ausgabe geschenkt bekam. „Bei dir ist dieses Buch mehr als gut aufgehoben", so wurde mir das Buch von Bekannten überreicht. Es war ein Gesangbuch für die Evangelisch-Lutherische Kirche in Bayern, Ausgabe B, aus dem Jahre 1933. Am Beginn dieses Buches steht das Motto aus dem Kolosserbrief: **Lasset das Werk Christi unter euch reichlich wohnen in aller Weisheit; lehrt und ermahnet euch selbst mit Psalmen und Lobgesängen und geistlichen lieblichen Liedern und singt dem Herren in euren Herzen** (Kol. 3, 16). Angesichts der damaligen politischen Situation und der sich anbahnenden Schwierigkeiten für die Kirchen zeugt dieses Bekenntnis für mich von einer großen Weitsicht, wem es wirklich zu singen gilt in unserer Welt.

Durch einen Zufall bekam ich dann ein weiteres Gesangbuch aus Bayern in meine Hände. Es ist die Ausgabe, die am 3. Mai 1957 von der Landessynode beschlossen wurde. In der Gliederung dieses Buches finden sich neben den Liedern unter anderem die bisherige Ordnung des Hauptgottesdienstes der Evangelisch-Lutherischen Kirche in Bayern von 1854 sowie weitere Beigaben wie Gebete, der kleine Katechismus Martin Luthers, die Augsburgische Konfession von 1530, ein liturgischer Kalender für das Kirchjahr und eine kleine Geschichte des Kirchenliedes.

Darüber hinaus wurden in dieser Ausgabe des Gesangbuches am Ende einzelner Lieder geeignete Verse aus der Bibel und von anderen Autoren hinzugefügt, was ich als sehr gute Bereicherung empfinde. Trotz dieser Neuerungen spürt man diesem Gesangbuch die Tendenz der Kirche in den Fünfzigerjahren ab, bewusst an alten Traditionen der Kirche anzuknüpfen. Dies merkt man allein schon am Notenbild und an der allgemeinen Aufmachung, aber auch an der Auswahl der Lieder, die kaum neueres Liedgut enthält.

„Du kannst damit schon etwas anfangen!", mit diesen schmeichelnden Worten überreichte mir eine Kollegin schließlich noch ein völlig anderes Gesangbuch. Es ist das Evangelische Kirchengesangbuch in der Ausgabe für die Evangelisch-Lutherischen Kirchen Niedersachsens (Braunschweig) von 1960. Dieses Buch ist ebenfalls in altdeutscher Schrift gedruckt worden, was auch diesen Historismus widerspiegelt. Aufschlussreich an dem Buch ist jedoch auch der Liederanhang dieser Landeskirche. Darin befinden sich Lieder, die unter anderem von Wassernot, Ernte, Arbeit und dem Beruf des Bergmanns (hier gibt es sogar einen Querverweis auf das Harzer Gesangbuch) berichten.

Allein diese spezifischen Besonderheiten haben mir deutlich gemacht, dass Gesangbücher eine wahre Fundgrube sind und ihre eigene Geschichte sowie die der betreffenden Region erzählen. Gerade die regionalen Aspekt finde ich besonders spannend, und so stellt sich nun für mich auch die Frage, wie sich das denn mit den heutigen Ausgaben der Gesangbücher verhält.

1994 gab es eine Neuauflage des Gesangbuches für alle Landeskirchen. Diese zeichnet sich vor allem dadurch aus, dass ein Stammteil entstanden ist, der für alle Landeskirchen gleich ist, aber auch durch die Gestaltung. So wurde bewusst Wert auf eine klare Sprache und Schrift gelegt sowie auf eine große Bandbreite sowohl von alten als auch von neuen Liedern. Damit ist ein Buch entstanden, das nicht nur alle Landeskirchen verbindet, sondern auch ganz bewusst die Gegenwart aufnimmt. Darüber hinaus enthalten diese Bücher aber auch **Regionalteile** der einzelnen Landeskirchen. Diese beginnen für alle ab der **Liednummer 536** und zeigen – bei aller Einheit – die bunte Vielfalt der Evangelischen Kirche in Deutschland.

Mit der Überschrift **„Gott ist mein Lied“** eröffnet etwa die Nordelbische Evangelisch-Lutherische Kirche ihren Regionalteil. Verschiedenes Lied- und Schriftgut ist hier sogar auf Niederdeutsch wiedergegeben, wie etwa das Lied Nummer 599 mit der Textzeile „wi hebbt en König Lüüd höört to!“, was in heutigem Deutsch „Wir haben einen König, Leute, hört zu!“ heißt. Oder das Lied Nummer 605, „Gott is bi di“, was so viel wie „Gott ist bei dir“ bedeutet.

Mit diesem Liedgut in Mundart geht es nicht nur darum, die niederdeutsche Sprache vor dem Vergessen zu bewahren und am Leben zu erhalten, sondern vor allem darum, jene Menschen vor Ort bewusst zu erreichen, die in dieser Sprache noch zu Hause sind und sich darin wiederfinden. Genauso geschieht das im regionalen Teil für Niedersachsen und Bremen. Auch in diesem Werk sind Lieder in Niederdeutsch festgehalten. Zu Ostern ist nach einem Lied mit niederdeutschem Text sogar der Psalm 118.17 ins Niederdeutsche übersetzt worden. Dieser Vers liest sich dort so:

„De Dood kann mi nix doon;
leven schall ik un will vertellen
wat Good hat doon.“

Ab Liednummer 536 befindet sich das Kapitel **„Zusätzliche Lieder“** auch im Gesangbuch der Mecklenburgischen und Pommerschen Evangelischen Kirche. Leider finden sich in dieser Ausgabe von 2001 aber keine weiteren Hinweise zur regionalen Geschichte.

Kommen wir nach dieser kleinen Rundreise durch einige evangelisch-lutherische Landeskirchen wieder nach Bayern zurück. Auch in unserem Regionalteil, den wir mit der thüringischen Landeskirche gemeinsam haben, finden sich Lieder mit einer besonderen regionalen Färbung. Dies bezieht sich weniger auf die Sprache – Fränkisch oder Bairisch sucht man (leider) vergebens –, als vielmehr auf die Herkunft des Liedguts. So stammt etwa „Jetzt fangen wir zum Singen an“ (EG 541) aus dem Alpenraum. Daneben gibt es eine Fülle von neuen Liedern, die seit der Einführung des „Silberpfeils“ (Liederheft für die Gemeinde – Ergänzungsband zum alten Gesangbuch) im Jahre 1982 zum festen Bestandteil des Liedguts der bayerischen Protestanten geworden sind. Dazu gehören neuere geistliche „Gassenhauer“ wie „Ins Wasser fällt ein Stein“ (645), „Herr, deine Liebe ist wie Gras am Ufer“ (638) oder „Herr, gib mir Mut zum Brückenbauen“ (646). Neben den Liedern aber sind es wieder die vielen Sprüche aus der Bibel und von anderen Autoren, die diese bayerische Ausgabe besonders auszeichnen, nicht zu vergessen die Bilder zu Beginn der einzelnen Kapitel – ebenfalls eine bayerische Besonderheit.

Was alle jetzigen Gesangbücher wieder gemeinsam haben, ist die Mannigfaltigkeit in ihren Beigaben. So sind in diesen Beigaben Andachten, Bekenntnisse, der kleine Katechismus und vieles mehr zu finden. Ein liturgischer Kalender zum Kirchenjahr und natürlich das Inhaltsverzeichnis schließen alle Ausgaben ab.

Vielleicht besitzen Sie selbst ja noch verschiedene Gesangbücher oder haben jetzt Lust bekommen, selbst wieder einmal darin zu stöbern. Sie alle machen deutlich, dass Kirche immer auch Kirche ihrer Zeit und Kirche vor Ort sein muss, um Menschen zu erreichen. Welch unterschiedliche Schätze es dabei in den einzelnen Regionen gibt und wie bunt die Vielfalt unseres Glaubens damit sein kann, kann man in besonderem Maße an besagten Regionalteilen wieder erleben. Allein das ist ein Grund, diese nicht zu vernachlässigen.

Februar 2010

Statt Hochglanzzeitschriften und Tagespresse – die etwas anderen Zeitungen

Mit kleinen Schritten nähert sich die Zeit, in der wir wieder die größeren Städte zum Einkaufen aufsuchen. Und da stehen sie wieder an Einkaufszentren und Bahnhöfen, oft auch vor Kneipen und Straßencafés: die Verkäufer von Straßenzeitungen. In den großen Menschenmengen an diesen Orten fallen sie oft gar nicht so auf. Man erkennt sie an dem in Folie eingeschweißten Verkäuferausweis, den sie sich angeheftet haben. Manchmal tragen sie auch Westen oder Jacken mit dem Logo der örtlichen Straßenzeitung.

Mein Interesse an diesen Blättern wurde während meines vergangenen Sommerurlaubes in Norddeutschland neu geweckt. Vor einem Kaufhaus saß ein Mann, eben mit einer solchen Weste und dem Ausweis ausgestattet, und verkaufte die Zeitung **Hinz & Kunzt**, das Hamburger Straßenmagazin. Die Aufmachung dieser Ausgabe war ein lila Gartenzwerg vor grünem Hintergrund. Außerdem war auf dem Titelblatt zu lesen: Nummer 198, August 2009, 1,70 € (davon 0,90 Cent für den/die Verkäufer/in). Die Zeitung umfasste 46 Seiten, behandelte verschiedene Themen aus der Geschäftswelt und der Kultur und informierte über diverse Veranstaltungen. ‚Einmal eine andere Zeitung im Urlaub lesen als die Tagespresse‘, dachte ich mir, kaufte ein Exemplar und war wieder einmal überrascht von der Vielfalt und den Inhalten der Artikel.

Das Interesse an diesen Zeitungen war wieder geweckt. Im September 2009, bei einer Einkaufstour in einem Münchner Einkaufszentrum, habe ich bewusst nach einem Straßenzeitungsverkäufer Ausschau gehalten. An einem der Eingänge habe ich dann auch einen gefunden. Zu erkennen war dieser Verkäufer wie sein Mitstreiter in Norddeutschland an den mir bekannten Merkmalen. Einen kleinen Unterschied gab es jedoch:

die Aufmachung und der Titel der Zeitung. In München nennt sich die Straßenzeitung **BISS**. Dieser Titel steht für „**B**ürger **i**n **s**ozialen **S**chwierigkeiten". Auf der Titelseite der Septemberausgabe war neben dem Preis (1,80 €) und der damit verbundenen Unterstützung für den Verkäufer (0,90 €) ein Schwarzweißfoto mit einer lachenden Dame zu sehen, die ein Plakat in den Händen hielte: **„Ich lüge. Sie auch!"** Dies wies auf den Inhalt dieses Heftes hin, das sich in verschiedenen Artikeln mit dem Thema „Lüge" auseinandersetzte.

Eine kleine, aber für mich interessante Parallele zur norddeutschen Straßenzeitung gibt es: BISS wurde wie Hinz & Kunzt im Herbst 1993 gegründet. Die Einrichtung von Straßenzeitungen ist jedoch schon älter. Bereits 1927 wurden solche Blätter erstmals verkauft.

Seither sind diese Zeitungen ein Mittel, um auf die problematische Situation jener Menschen aufmerksam zu machen, die sie verkaufen. Es sind allesamt Menschen, die sich aus irgendwelchen Gründen „in sozialen Schwierigkeiten" befinden. Der Verkauf kommt ihnen dabei nicht nur finanziell zugute, denn ein nicht unwichtiger „Nebeneffekt" dieser Direktvermarktung besteht darin, dass diese Menschen aus ihrer Vereinsamung begleitet werden und sie eine Aufgabe bekommen. Zudem haben sich die Verkäufer dieser Zeitungen eine Art Ehrenkodex auferlegt: Während des Verkaufes gilt es, nicht zu betteln und nicht in alkoholisiertem Zustand die Kunden anzusprechen oder gar anzufahren.

In der Gegenwart wird viel von „Asphalt-" oder gar „Hinterhofliteratur" gesprochen und geschrieben. Aus meiner persönlichen Sicht sind diese Zeitungen eine echte Bereicherung der heutigen Medienlandschaft. Es sind – auch durch ihren sozialen Hintergrund und die Themen, die sie aufgreifen – nun einmal die etwas anderen Zeitungen als die Hochglanzzeitschriften und die Tagespresse.

Ganz gleichgültig, in welcher Stadt – ich werde jetzt immer

wieder eine dieser Straßenzeitungen kaufen. Nicht zuletzt bereichern sie auch auf eine andere Art und Weise ganz einfach die Lesefreude.

Oktober 2009

Beobachtungen beim Wocheneinkauf

Es beginnt bereits mit dem Suchen und dem Gedränge auf dem Parkplatz: Hektik ohne Ende! Und der Druck geht weiter: Kaum bin ich durch die mechanisch gesteuerten Türen eingetreten, stehe ich schon im wilden Geschiebe der Einkaufswägen der anderen Kunden und im Gedränge vor den Warenregalen. Und ich frage mich: ‚Muss das sein?' Um mich herum Menschen, die sich vor Preisknüllern drängen, die Umverpackungen hektisch aufreißen, die Ware betatschen und begutachten, um sie dann wieder achtlos in das Sortiment zurückzuwerfen. Und wieder denke ich mir: ‚Was soll das?'

Ich biege in den Mittelgang ab, und schon sind in Sichtweite Produkte aller Art ausgestellt, von Spielwaren über Kopfkissen und Bekleidung bis hin zu Haushaltsartikel. Auch hier wieder das unansehnliche Bild der offenen und aufgerissenen Umverpackungen. Dieser Anblick ist eher abstoßend als einladend, und doch finde ich mich in einer Menschenmasse wieder, die da herumwühlt und im Warentisch zu graben beginnt und doch nichts findet.

Meine Einkaufsstimmung beginnt langsam zu sinken. Im nächsten Gang beginnt wieder das Gedränge, diesmal vor dem Kühlregal. Als ob nicht genug Hektik und Druck vorhanden wären, schiebt hier – mitten im Gewühl – eine Mitarbeiterin einen großen Pappkarton mit sich, in den sie – natürlich auch so schnell wie möglich – leere Produktschachteln, Umverpackungen und Folien hineinwirft, während eine andere behände und geschäftig einen Rollwagen mit Waren durch den Gang bugsiert. Der Hauptbahnhof ist eine Oase der Stille dagegen.

So langsam nähere ich mich der Kasse. Eine lange Schlange steht davor. Auch das noch! Ein Kunde vor mir ist gerade im Begriff, seine Waren auf das Kassenfließband zu legen, doch nun kommt es: Er hat etwas vergessen! Noch einmal läuft, ja rennt er durch den Markt, um den fehlenden Artikel zu holen. In dieser

Hektik, die mich erfasst hat, ist das Warten auf ihn kaum auszuhalten. Endlich bin ich an der Reihe, und nun steigert sich der Druck in mir ins Unermessliche: Rasend schnell greift die Mitarbeiterin zu den Artikeln und zieht sie über den elektronischen Scanner, begleitet von einem unerträglichen Piepton. Ich werde zum „freien Mitarbeiter“ des Marktunternehmens, indem ich nicht nur die Ware auf das Band legen muss, sondern mich auch noch zusätzlich der Geschwindigkeit der Mitarbeiterin an der Kasse anzupassen habe. Und eines will ich ja auch auf alle Fälle nicht: den Laden selber aufhalten!

Kaum habe ich bezahlt, rette ich mich auf den Parkplatz hinaus, doch auch dort von Ruhe keine Spur: Das Gedränge geht weiter im Kampf zwischen fahrenden und parkenden Autos und „glücklichen“ Menschen mit ihren Einkaufswägen dazwischen. Jetzt nur noch die Ware im Fahrzeug verstauen, die letzten Umverpackungen entsorgen, den Einkaufswagen wieder an seinen Platz zurückbringen und dann nichts wie weg von hier! Und ich frage mich: ‚Was ist da jetzt mit mir passiert? Warum habe mich so treiben lassen wie ein Teil einer Maschinerie, die da im Gange ist? Warum war ich so wenig ich selbst?‘

Ich versuche es bei einem anderen Markt. Bei diesem werde ich als Kunde schon auf dem Parkplatz mit seichter Musik aus einem blechernen Lautsprecher willkommen geheißen, einer Musik, die mich offenbar milde stimmen will. Sie suggeriert mir, dass ich hier ohne Stress und Anstrengung einkaufen könne.

Ich atme auf und trete ein. Die Werbung ist anders als beim ersten Handelsmarkt aufgemacht, und ich werde anders durch diesen Markt geleitet, ja, man kann sagen, freundlich geführt. Auch sind die Verkaufsregale farbenreicher gestaltet. Das reizt mich als Verbraucher, in aller Ruhe stehen zu bleiben, auch noch andere Artikel zu erwerben, die ich eigentlich gar nicht gebraucht hätte.

Nach wie vor säuselt die seichte Musik aus dem Lautsprecher. Auf einmal wird sie unterbrochen, und eine wohlklingende

Frauenstimme präsentiert mir ein außergewöhnliches Produkt der Firma XY zum Preis von nur 6,95 € statt 10,95 €. Dann wieder weiche Musik, und ich merke, wie ich fast durch diesen Laden entspannt zu schweben beginne. Auch an der Kasse geht es geruhsamer zu. Die Kassiererin hat noch einen kleinen verschmitzten Satz auf den Lippen und ganz viel Zeit für mich. Und so gleite ich entspannt hinaus auf den Parkplatz – und wieder frage ich mich: ‚Was ist da jetzt mit mir passiert? Welche Maschinerie hat mich hier gepackt? Ganz ich selbst war ich hier ja auch nicht.'

Es waren zwei völlig verschiedene Handelsmärkte, und doch haben sie natürlich ein gemeinsames Ziel: Gewinn in jeder Hinsicht. Allein die Wege, die sie beschreiten, sind unterschiedlich. Aber wie schwer ist es bei beiden, ich selbst zu bleiben, bewusst einzukaufen und mich nicht lenken und treiben zu lassen!

Ein kritischer Verbraucher möchte ich bleiben, und das heißt für mich bei dem einen: die Ruhe bewahren, nicht ins Drängen verfallen, das Warten für mich sogar als geschenkte Zeit annehmen.

Beim anderen könnte es heißen: mich nicht verführen lassen von Werbung, Farbe und Musik, sondern frei bleiben in meiner Wahl der Produkte. Denn wie heißt es so schön: Der Kunde ist König – und das will ich bleiben.

Juni 2010

Danksagungen

An dieser Stelle möchte ich mich bei all denjenigen bedanken, die zum Gelingen meines zweiten Buches im Frieling-Verlag Berlin beigetragen haben.

Zuerst gebührt mein Dank Frau Katarina Grgic vom Frieling-Verlag Berlin. Frau Grgic hat mit ihrer hilfreichen und konstruktiven Art dazu beigetragen, dass mein vorliegendes Buch im Frieling-Verlag Berlin einen anspruchsvollen Platz gefunden hat.

In memoriam memoriae geht ein Dank an Pfarrerin Petra Nehring (✝ 01.Oktober 2014). Frau Nehring unterstützte mich mit all ihrem Wissen, u.a. zum Thema „Straßenzeitungen". Dadurch eröffnete sich mir ein neues Genre in der Vielfalt der Medienwelt.

Ich bedanke mich bei Frau Dr. Pia Rieger für die Ermutigung, meine redaktionellen Arbeiten aus der „Kleinpublizistik" in einem Buch zusammen zustellen. Und somit einem größeren Lesekreis zugänglich zu machen.

Ebenfalls möchte ich mich bei den Pfarrern Christian Dittmar und Karsten Schaller für die Heranführung an die „Kleinpublizistik" bedanken. Beide haben mich ermutigt, aktiv und eigenständig Themen auszuwählen, um sie dann fortlaufend in den Evangelisch-lutherischen Gemeindebriefen von Bad Wiessee zu veröffentlichen.

Ganz herzlich bedanke ich mich bei Landpastor i. R. Hans Tegtmeyer für die unzähligen Tipps, Anregungen und Hinweise, u. a. zu dem sehr umfangreichen Thema „Evangelische Gesangbücher".

Waakirchen, den 07.Juni 2020
Thomas Helmer

Inhalt

Zwischen der atemberaubenden Schönheit der Natur und den Erkenntnissen des Alltags oszillieren die Gedichte dieser Sammlung. Es ist die Poesie des Lebens, die Komposition aus Gewöhnlichem und Bemerkenswertem, die Thomas Helmer in seinen Versen beschreibt. Dieser Band regt zum Nachdenken an, zum Sinnieren und Philosophieren, mit seinen malerischen Landschaften, tiefen Gefühlen und bleibenden Impressionen, die den Leser in ihren Bann ziehen. Doch seine Lyrik steht nicht allein. Auf amüsante Art und Weise enthüllt der Poet ihre Entstehungsgeschichte und den Ursprung seiner Muße. Ein Muss für jeden Lyrikbegeisterten und jene, die es noch werden wollen.

Thomas Helmer

Das Fenster zum Leben

Gedichte und ihre Geschichte

84 Seiten
Taschenbuch (Paperback)
EUR 9,90
ISBN 978-3-946467-65-6